Olivier Nunge
Simonne Mortera

Satisfaire son besoin de reconnaissance

S'accepter et être accepté

Préface de François Paul-Cavallier

EDITIONS JOUVENCE
5, ch. des Fraisiers
1212 Grand-Lancy/Genève, Suisse

Des mêmes auteurs

Ouvrages

Gérer ses émotions,
Editions Jouvence 1998

Etre autonome, Editions Jouvence 1998

Vivre ici et maintenant,
Editions Jouvence 1998

L'Analyse transactionnelle,
Editions Bernet 1996

Cassettes audio/CD
Editions Sonothèque Média

L'analyse transactionnelle pour mieux se connaître et mieux communiquer

Pourquoi laisser votre passé dicter votre avenir

Savoir écouter ses vrais besoins pour devenir autonome

Savoir doser efficacement autorité, entente et négociation

Comment gérer ses émotions

Ouvrage composé en Adobe Garamond 11/13
Illustration de couverture: J. C. Marol
Maquette & mise en pages: atelier weidmann

ISBN 2-88353-146-3

Sommaire

Préface

Les signes de reconnaissance ont de tout temps existé, ils sont l'aliment de base de la vie psychique qui permet au nouveau-né de se construire et d'organiser sa vie avec l'espoir d'être suffisamment approvisionné jusqu'au dernier jour. Il n'est besoin d'être psychologue pour comprendre que lorsque les besoins vitaux manquent, au-delà de la souffrance, s'installe la carence, la maladie et plus tard la mort. Certains besoins sont évidents : l'air, l'eau, la nourriture, le repos. Nous le comprenons aisément pour les plantes, les animaux, les humains et pourtant cette source de nourriture vitale est parfois dans un dysfonctionnement tel que des communautés entières produisent de plus en plus d'exclus et dépérissent.

De l'enfant qui vient de naître au vieillard au seuil de sa vie, la construction de l'identité, le sentiment d'exister, se fondent sur la circulation et la qualité des signes de reconnaissance qu'ils échangent avec l'environnement. Paradoxalement, notre société d'hyper-communication échange beaucoup plus de signes de reconnaissance qu'il y a cent ans mais leurs qualités sont faibles en teneur relationnelle. Nombreux sont ceux qui survivent en dessous d'un minimum vital et s'appauvrissent de jour en jour ou compensent leur déficit par des substituts comme les tranquillisants, l'alcool et pléthore de parole et gestes violents.

Pourtant, ces signes de reconnaissance que Cl. Steiner a conceptualisé et que nous avons plus tard appelés « Chaudoudoux ou Froidpiquants » peuvent être produits en quantité illimitée et ne coûtent rien ! Ils nourrissent le cœur et modèlent la vie, malgré cela certains continuent désespérément d'en manquer, d'autres en stockent en excédent plutôt que les redistribuer, d'autres comme des faux-monnayeurs en fabriquent des contrefaçons alors que les vrais se produisent aussi facilement que les faux. D'autres encore choisissent de distribuer et de recevoir des « Froidpiquants » qui font mal plutôt que les « Chaudoudoux » qui rendent heureux. Ce livre est là pour vous aider à discerner dans quelle économie vous vous situez. Vous pouvez choisir de mettre des vitamines dans votre vie relationnelle et participer à la production de cette richesse illimitée qui fait croître autant celui qui la dispense que celui qui la reçoit.

François PAUL-CAVALLIER
Psychothérapeute et formateur
Auteur de nombreux ouvrages

En guise d'introduction

Etre bien avec soi et avec les autres, c'est avoir des relations positives, c'est échanger des signes de reconnaissance sincères; c'est savoir dire quand «ça va»... «je t'aime, je t'apprécie»... Mais aussi savoir dire ce qui ne va pas sans blesser, rejeter ni juger. C'est différencier ce qui est conditionnel (les comportements) de ce qui est inconditionnel (la personne).

Ce n'est pas toujours simple car la plupart du temps nous n'avons pas appris comment le faire et aussi parce que nous avons vécu des blessures (jugements abusifs) et des manques (carences de stimulations).

Ainsi nos relations quotidiennes au travail, en famille, avec les amis nous apportent un lot de difficultés, désillusions, frustrations, alors que nous attendons équilibre, richesse et satisfaction.

Alors, comment sortir de cette impasse ?

Il est facile de comprendre que nos besoins physiologiques de base conditionnent notre existence. Prenons par exemple, le besoin de nourriture : nous pouvons sauter un repas, faire un jeûne et même entamer une grève de la faim. Pourtant, à une certaine phase, vont se produire des lésions irréversibles pouvant aller jusqu'à la mort.

L'originalité de l'Analyse Transactionnelle est d'avoir repéré qu'il en est de même sur le plan psychologique. Nous avons de véritables besoins psychologiques avec la nécessité de les satisfaire si nous ne voulons pas menacer notre existence.

Parmi ceux-ci, nous avons le besoin incompressible d'être reconnu, c'est à dire recevoir des stimulations de la part des autres pour nous sentir exister.

Ce livre pratique vous propose des repères sur la façon de gérer ce besoin pour être bien avec soi et bien avec les autres.

□

La soif d'être reconnu

Chaque personne éprouve le besoin d'être touché, reconnu. Il s'agit d'une nécessité à la fois biologique et psychologique qu'Eric Berne appelle « soif ». L'activité humaine autonome étant, selon lui, orienté vers la satisfaction des besoins et des soifs authentiques.

Prenons un exemple : ça se passe dans une grande ville des Etats-Unis juste après la dernière guerre. L'équipe municipale doit gérer un nombre important de nourrissons orphelins ou abandonnés. Une pouponnière ultramoderne est construite, occupée par un personnel qualifié pour accueillir au mieux ces jeunes enfants. Au bout de quelques mois de fonctionnement, un constat douloureux se fait sentir car les enfants ne vont pas bien du tout : ils ont l'air triste, ils pleurent beaucoup. Plus inquiétant encore, certains refusent de se nourrir et semblent se laisser mourir. Le directeur de l'établissement fait appel de toute urgence à un expert, un médecin pédopsychiatre, une personne de grande expérience des milieux institutionnels puisqu'il s'occupe aussi de nourrissons et d'enfants vivant avec leur mère en milieu carcéral. Il faut savoir que dans les prisons américaines, on laisse plus longtemps les enfants avec leur mère que dans la plupart des autres pays. Une fois dans l'établissement, l'expert commence ses observations. Il est stupéfait par l'état de santé des enfants. Non seulement il les trouve tristes, mais il constate un retard important dans leur développement psychomoteur. Il se demande pourquoi ces enfants placés dans de bonnes conditions sanitaires et sociales se développent beaucoup moins bien que ceux dont il s'occupe en milieu carcéral, c'est-à-dire dans une promiscuité et des conditions matérielles beaucoup moins favorables.

Il se propose d'observer la manière dont le personnel s'occupe des enfants et constate que l'alimentation se fait à la chaîne: la nurse entre dans la chambre, donne le biberon au premier, au deuxième, au troisième et ainsi de suite jusqu'au dernier, puis récupère le biberon du premier, du deuxième, du troisième... Il en va de même pour la toilette : les nurses s'occupent de chaque enfant avec des gestes sûrs et calculés de manière à passer le plus rapidement possible à l'enfant suivant.

Le pédopsychiatre commence à comprendre que si ces enfants sont bien pris en charge sur le plan physiologique, il en est autrement sur le plan psychologique et affectif. Il compare l'attitude des nurses avec celle d'une mère « standard » vis-à-vis d'un nourrisson.

Les gestes de la deuxième sont peut-être moins précis, moins conformes aux règles de la puériculture académique ; en revanche, ils sont accompagnés de caresses, de câlins, de contacts, de paroles, d'échanges multiples comme autant de témoignages d'attention, d'affection et, en un mot… d'amour tout simplement.

Nous savons maintenant, grâce à l'analyse de milliers de photos d'enfants en train de téter, que ceux-ci ne regardent pas le sein mais le visage de leur mère qui se situe naturellement à la bonne distance de vision. Chaque tétée se révèle être l'occasion d'un échange affectif, une histoire sans parole, qui se passe de visage à visage.

— Voilà ce dont souffrent ces enfants, se dit le médecin. S'ils sont bien pris en charge sur le plan du corps, de l'hygiène, de la sécurité, de l'alimentation, il leur manque les soins psychologiques élémentaires qu'une mère leur donnerait naturellement.

En fait, ces enfants souffraient de ce que le docteur Spitz appellera des carences affectives, et il désignera sous le terme d'« hospitalisme » ces symptômes que l'on retrouve fréquemment chez les jeunes enfants faisant de trop longs séjours en milieu institutionnel.

Cet exemple montre bien à quel point dès notre naissance nous avons besoin d'être touché, stimulé, chouchouté, aimé, reconnu. C'est une question de survie. Les enfants de cette pouponnière se laissaient mourir, ce qui prouve à quel point l'être humain a besoin de recevoir des stimulations de la part des autres pour se sentir exister.

Comme nous sommes tous des « bébés âgés », nous avons encore aujourd'hui, quel que soit notre âge, ce besoin psychologique fondamental, incontournable que l'on appelle besoin de signes de reconnaissance.

Comme tout besoin, nous sommes dans la nécessité de le satisfaire. Il y va de notre survie biologique psychologique et affective.

Prenons un deuxième exemple, appelé « effet pygmalion », celui des psychologues qui en début d'année:

- testent le niveau scolaire de toute une classe.
- communiquent de faux résultats à l'instituteur en prétendant que les élèves qui ont réussi les tests sont plutôt mauvais et inversement que les élèves qui ont raté les tests sont bons.
- observent, à l'aide de caméras cachées, ce qui se passe dans cette classe pendant un trimestre.

A l'issue de l'expérience de trois mois, on s'aperçoit que :

- les élèves étiquetés bons deviennent bons alors qu'ils ont eu de mauvais résultats aux tests ;
- les élèves étiquetés mauvais deviennent mauvais alors que leurs tests révèlent un bon potentiel.

L'analyse des films issus des caméras cachées dans la classe prouvera que l'instituteur regardait, interrogeait, stimulait beaucoup plus souvent les élèves « réputés bons », ceci de manière tout à fait inconsciente. Cette expérience illustre à quel point un enseignant peut aider à améliorer la performance de ses élèves en nourrissant leur besoin de signes de reconnaissance. Il est un fait bien établi maintenant que jusqu'à l'âge de six/sept ans l'enfant s'intéresse à l'école en grande partie pour faire plaisir à ses parents, à son enseignant, pour continuer à recevoir en échange sa ration de signes de reconnaissance. Cette expérience prouve également à quel point notre besoin d'être reconnu est prégnant et incontournable. Il s'agit d'un besoin vital d'échanges avec notre environnement psychique ou social, aussi important que celui de boire, de manger ou de dormir. L'absence de signes de reconnaissance est cause de souffrance physique et psychologique, plus ou moins grave, pouvant entraîner la mort, même si les autres besoins physiologiques sont satisfaits.

Eric Berne affirmait que la personne qui n'a pas sa dose de signes de reconnaissance a sa moelle épinière qui flétrit. Avec toutes ses conséquences sur la colonne vertébrale, le mal de dos…

Gysa Jaoui, dans *Le Triple Moi* aux éditions Robert Laffont écrit: «Pour désigner ces stimulations particulières que sont les signes de reconnaissance, l'anglais disposent du terme «stroke» qui signifie à la fois contact, caresse, coup. Il est très intéressant, et nous regrettons de ne pas disposer de l'équivalent en français, car il rend bien compte de la réalité et du mode de fonctionnement du signe de reconnaissance. Un baiser, une gifle, un compliment ou un reproche, une déclaration d'amour ou une déclaration de haine sont des stimulations qui semblent s'opposer deux à deux, qui sont données et reçues dans des états d'esprits fort différents. Mais toutes s'opposent d'abord à l'indifférence, au silence, à l'ignorance de l'autre. Toutes, au-delà de leur sens particulier, sont signes que la personne qui les reçoit existe réellement pour celle qui les donne. »

Toutes sont des stimulations particulières que l'on peut définir comme une unité de reconnaissance physique ou symbolique : toute stimulation, tout signe, geste, contact, paroles manifestées par une personne qui lui permette de se sentir reconnue comme existante. Le point-clé étant bien de se sentir exister grâce aux signes de reconnaissance. Ils sont nécessaires au développement de notre vie, ils sont le véritable combustible permettant notre croissance. Le développement de notre personnalité peut s'analyser en terme de gestion de signes de reconnaissance : comment en obtenir le plus possible – ceux que nous voulons et autant que nous voulons ?

Dès la naissance, ce besoin s'exprime par une soif de stimuli physiques. Quelques années plus tard, nous entrons dans le langage : les mots et la parole vont compléter le toucher. La soif de stimuli symbolique va prendre le relais de la soif de stimuli physique. Plus nous grandissons, plus nous agrandissons nos façons de nourrir ce besoin au travers de divers systèmes symboliques comme les récompenses, les honneurs, le pouvoir, l'argent... Cependant le langage corporel est le premier langage. Le besoin de stimuli physiques existe constamment et à tout âge même chez l'ex-enfant appelé adulte. Malheureusement ce besoin est sous-estimé dans notre culture, particulièrement dans le monde du travail.

Nous donnons trop d'importance au seul contenu verbal. Mal nourri sur le plan des stimulations avec contact physique, nous risquons de nous générer des ennuis comme le lumbago qui nous amène chez le kinésithérapeute. Nous allons payer un paramédical pour nous toucher tout simplement.

Le célèbre adage « il vaut mieux prévenir que guérir » s'applique tout particulièrement ici. Mieux vaut nourrir son besoin de stimuli physiques par des moyens adaptés à notre âge ; ce qui peut aller de la natation, aux sports de l'extrême en passant par l'activité sexuelle, le thé dansant ou le massage mutuel.

Le plus, le moins et le néant

Les signes de reconnaissance sont nécessaires et incontournables dans la vie au quotidien. Prenons l'exemple d'une mère qui promène son enfant de quatre ans dans la ville. Elle rencontre une amie et se mettent bavarder. Au bout de quelques minutes, l'enfant commence à tirer la main de sa mère et, si cette attitude reste sans effet, il est vraisemblable que l'enfant va mettre les pieds dans une flaque d'eau ou faire ce qu'il faut pour que celle-ci se recentre sur lui, quitte à recevoir une fessée. Car, du temps qu'elle échange avec son amie, il se sent en manque de stimulation. Pour un enfant de quatre ans, ce manque est très vite insupportable. Il a besoin de satisfaire ce besoin de toute urgence. Le propre d'un besoin est bien d'être actuel, comme le souligne Jacques Salomé à partir d'une anecdote personnelle: alors qu'il conduisait sa voiture avec sa petite famille, l'un de ces enfants lui demande de s'arrêter pour boire. Il lui répond: «Nous nous arrêterons dans un petit quart d'heure»; et l'enfant de répondre: «Mais papa, j'ai soif maintenant!»

Nous l'avons déjà précisé, besoin physique et besoin psychologique se ressemblent et se complètent.

Prenons un autre exemple simple: nous traversons le désert. Malgré nos précautions nous n'avons plus d'eau et l'oasis ne semble pas encore là. La situation devient de plus en plus critique, nous ressentons la soif de plus en plus; cette sensation devient tellement intolérable que nous finissons par boire nos urines parce que même si le goût nous répugne, c'est mieux que de ne rien boire du tout.

Devant une telle situation il y a trois cas de figure:

- *Premièrement*, nous avons de l'eau et tout va bien.

- *Deuxièmement*, nous n'avons plus d'eau et tout va mal, c'est insupportable car nous risquons la souffrance et la mort.

- *Troisièmement*, nous prenons un substitut d'eau en buvant nos urines car c'est mieux que de ne rien boire du tout.

Nous pouvons appliquer le même schéma de comportement avec l'exemple de l'enfant qui se promène en ville avec sa mère.

- *Premièrement*, la mère s'occupe de lui, il reçoit sa dose de signes de reconnaissance et tout va bien.
- *Deuxièmement*, sa mère échange avec son amie et tout va mal. Il ressent un manque de stimulation qui devient vite insupportable.
- *Troisièmement*, il fait une bêtise pour attirer l'attention, même négative, car c'est mieux que rien du tout.

Moralité : devant notre besoin psychologique d'être stimulé nous avons trois possibilités :

- *Premièrement*, les signes de reconnaissance positifs.
- *Deuxièmement*, les signes de reconnaissance négatifs.
- *Troisièmement*, l'absence totale de signes de reconnaissance.

Le troisième cas de figure est absolument insupportable : l'absence de signes de reconnaissance entraîne une diminution de notre énergie, pouvant aller jusqu'à la dégénérescence et à la mort.

Le premier cas de figure reste de loin le meilleur. Lorsque nous sommes stimulés, reconnus, complimentés, chouchoutés, encouragés, nous sommes invités au grand banquet de la vie, ce qui nous facilite l'accès aux plaisirs, à l'épanouissement et à la confiance.

Les signes de reconnaissance positifs correspondent à la valorisation de notre personne et nous permettent de développer une énergie positive, un mieux-être avec soi-même et avec les autres.

Le deuxième cas de figure implique de la restriction, de la substitution, engendrant du déplaisir, de la souffrance, de la méfiance, du doute.

Les signes de reconnaissances négatifs correspondent à la dévalorisation de notre personne provoquant une énergie négative, un mal-être avec soi-même et avec les autres, nous maintenant dans un état de survie.

En même temps, notre soif de reconnaissance est tellement incontournable que nous préférons recevoir des stimulations négatives plutôt que de ne rien recevoir du tout.

Voilà ce qui explique (et non pas ce qui justifie) certaines «bêtises» des enfants pour attirer l'attention sur eux. Je me souviens de l'exemple de mon ami avocat et époux d'une femme médecin, tous deux jouissant d'une situation sociale et professionnelle riche et mouvementée. Mon ami s'est laissé longtemps dévorer par sa profession. Quant son fils réclamait régulièrement de l'attention, il répondait: «Je voudrais bien mais je n'ai pas le temps; tu dois comprendre que je t'aime beaucoup mais que je dois aussi beaucoup travailler.»

Vers l'âge de sept ou huit ans, le jeune garçon présenta des troubles de l'ordre de la dyslexie et de la dysorthographie... Quoi de mieux comme symptôme pour inquiéter ses universitaires de parents?

Heureusement mon ami apprendra à mieux gérer son temps pour pouvoir accompagner son fils chez l'orthophoniste. Pendant plus de deux ans, il restera sagement trois-quarts d'heure, deux fois par semaine, dans la salle d'attente, rattrapant par-là le temps qu'il n'avait pas voulu investir avant.

Encore une fois, les ex-enfants appelés adultes se comportent de la même manière. Lorsque nous nous sentons en manque de signes de reconnaissance positifs, nous sommes capables de nous mettre dans de mauvaises histoires relationnelles : nous cherchons la scène de ménage avec notre conjoint ou le conflit avec un ami, un collègue, un employeur car mieux vaut une bonne dispute que la froideur intolérable de l'indifférence.

Je me souviens de cette secrétaire dévouée et compétente, qui passait ses journées à taper des rapports juridiques très compliqués. Elle y mettait tout son cœur et ne faisait pratiquement jamais d'erreurs. Son employeur en profitait abondamment, sans jamais lui donner de signes de reconnaissance en retour ; jusqu'au jour où elle lui fit passer à un dossier avec quarante fautes par page... Vous pouvez deviner la suite : l'employeur la fit venir dans son bureau et commença enfin à s'inquiéter d'elle, à la prendre en compte et la considérer ; ainsi elle se sentit enfin exister, reconnue, mais par un biais négatif.

Les bêtises, les tensions, les conflits, les erreurs, l'absentéisme, les incidents voire même les accidents dans le travail sont souvent des signes révélateurs d'un manque de stimulation dans le milieu amical, familial ou professionnel. Faute de pouvoir nous nourrir de stimulations positives, nous recherchons des stimulations négatives de substitution.

Mais – attention danger – cela peut devenir une drogue. Nous pouvons devenir dépendants de ces substituts. Nous risquons de rechercher inlassablement des stimulations négatives avec l'avantage de savoir comment les obtenir.

Je me souviens de cette amie qui venait de reprendre le « collier », selon son expression, après un congé de maladie pour cause de surcharge de travail. Malgré sa dépense d'énergie, elle ne recevait que très rarement des signes de reconnaissance en échange. A son retour, quelle ne fut pas sa surprise du bon accueil de ses collègues lui signifiant clairement qu'ils étaient contents de la voir. Il faut dire que son absence avait eu de lourdes conséquences sur l'ensemble de la bonne marche de l'entreprise. Finalement ses collègues ne se rendaient compte de son importance que lorsqu'elle était absente. De là à l'inciter à partir plus souvent en congé de maladie, il n'y avait qu'un pas...

Dans les entreprises, les dirigeants ont tout à gagner à bien gérer l'économie de stimulations; car plus les signes de reconnaissance positifs et appropriés circuleront directement, librement, plus les personnes qui y travaillent se sentiront dans le bien-être, le confort et pourront développer leurs compétences.

Dans le cas contraire, les personnes auront tendance à chercher «querelle», à se mettre dans une énergie pour recevoir au moins du négatif, faute de mieux.

□

Le conditionnel et l'inconditionnel

Une autre approche utile de ce concept de stimulation consiste à distinguer les signes de reconnaissance conditionnels et les signes de reconnaissance inconditionnels. Par exemple, à l'issue de la lecture de ce livre, vous pourriez nous envoyer un petit mot pour nous faire part de votre satisfaction quant à la clarté de notre exposé. Dans un tel cas, vous nous donneriez un signe de reconnaissance positif conditionnel, c'est-à-dire conditionné à ce que nous avons fait. A l'inverse vous pourriez nous signifier votre insatisfaction concernant le manque de clarté de nos propos ; en ce cas vous nous donneriez un signe de reconnaissance conditionnel négatif, parce que conditionné à notre réalisation.

Les signes de reconnaissance conditionnels concernent le faire

Chaque fois que nous donnons une qualification sur quelque chose qui a été fait, nous sommes dans des signes de reconnaissance conditionnels positifs ou négatifs : « J'apprécie ton travail », « Tu as fait preuve de sang-froid », « Ton compte-rendu manque de clarté », « Ton comportement est à revoir si tu veux réussir ton examen ».

Les signes de reconnaissance inconditionnels sont relatifs à l'être.

La meilleure stimulation inconditionnelle positive que nous pouvons donner est l'amour : dire à quelqu'un de manière authentique « je t'aime », « je suis content de ta présence », « j'aime ce que tu es «

«Je ne pourrais jamais, je crois, respirer sans penser à toi». YVES DUTEIL

A l'inverse nous pouvons donner ou recevoir des signes de reconnaissance inconditionnels négatifs : « Famille je vous hais », « Je ne peux pas le supporter, c'est physique ! », « Il n'y a rien de bon à attendre de toi «.

	Inconditionnels **ÊTRE**	*Conditionnels* **FAIRE**
Positifs	*Exemples :* ○ Je t'aime ○ Tu es une personne fiable ○ Tu es très compétent	*Exemples :* ○ J'apprécie ton travail ○ Ton compte rendu est excellent ○ Tu as fait preuve de sang-froid
Négatifs	*Exemples :* ○ Tu es bête ○ Je te déteste	*Exemples :* ○ Ton travail est tout juste médiocre ○ Tu t'es mal comporté dans cet entretien ○ Je n'apprécie pas l'attitude que tu viens d'avoir

Nous avons besoin de signes de reconnaissance inconditionnels positifs :

- pour nous sentir aimé, respecté dans notre valeur ;
- pour nous sentir exister, être en contact avec toute notre énergie, toutes nos ressources.

Nous avons eu l'occasion d'illustrer, notamment avec l'exemple des nourrissons « carencés affectifs », à quel point le manque d'amour pouvait être destructeur.

Nous avons besoin de signes de reconnaissance conditionnels positifs qui nous permettent d'ancrer et développer de la confiance en soi. Heureusement que nos parents nous ont applaudi lorsque, vers dix ou douze mois, nous avons fait nos premier pas. Heureusement que, tout au long de notre vie, nous avons des enseignants, des entraîneurs, des amis qui nous encouragent sur nos actions. Etre bien entouré par des gens très proches nous permet d'aller plus loin. Nous avons également besoin, et cela peut vous surprendre, de signes de reconnaissance conditionnels négatifs.

Imaginez votre enfant qui revient de l'école avec un dessin plutôt « raté ». Son instituteur lui a mis « passable » et son meilleur copain lui a signifié clairement qu'il n'aimait pas. Ce n'est pas le moment de lui dire « Bravo, on dirait du Picasso ».

Quel que soit notre âge, notre entourage doit pouvoir nous confronter chaque fois que nous faisons quelque chose d'incorrect pour nous permettre de changer les choses qui ne vont pas. Les signes de reconnaissance négatifs appropriés nous fournissent des informations pour progresser.

Les seuls signes de reconnaissance dont nous n'avons pas besoin sont les « inconditionnels » négatifs car réducteur et destructeur. Mais il faut savoir qu'ils existent. Il y a des gens qui ne nous aiment pas et, réciproquement, nous pouvons détester profondément des personnes. Régulièrement dans notre vie familiale, sociale, professionnelle, nous sommes exposés à ce type de stimulations négatives qu'il faut apprendre à repérer pour pouvoir les laisser de côté et continuer à nous affirmer. Pour terminer ce point, nous insisterons sur le fait que conditionnels ou inconditionnels, positifs ou négatifs, les signes de reconnaissance sont variables en quantité et en intensité, ce qui fait que leur impact va être variable selon trois critères :

Les signes de reconnaissance ne pèsent pas tous le même poids:

- L'inconditionnel négatif est très destructeur
- Le conditionnel positif est moins intense que l'inconditionnel
- Le conditionnel négatif est plus pauvre en énergie que le conditionnel positif. Ce qui explique qu'un individu en manque de positif va multiplier les situations négatives, sources de beaucoup de souffrance… Derrière cette attitude destructive se cache un appel maladroit de signes de reconnaissance positifs et négatifs.

Les signes de reconnaissance ne sont pas tous reçus avec la même intensité. Cela dépend s'ils correspondent aux besoins et aux attentes de l'autre.

C'est pourquoi il faut distinguer le signe de reconnaissance lui-même, le cadre de référence, le climat perceptif et émotionnel, et le sens que la personne va donner à toute stimulation en fonction de son histoire.

Les signes de reconnaissance doivent être constructifs pour avoir véritablement de l'impact.

Et compte-tenu de la puissance de l'inconditionnel, le respect de la personne humaine est de mise dans tous nos échanges de stimulations, d'où le postulat fécond en analyse transactionnelle qui prétend que tout être humain est fondamentalement OK, bon, acceptable, ce qui ne veut pas dire que tout ce qu'il fait va être accepté.

L'influence déterminante de l'enfance

Au point ou nous en sommes dans notre exposé, nous constatons que pour être bien dans notre peau nous avons besoin de nourrir notre besoin de signes de reconnaissance; et pour ce faire, nous devons « relationner », communiquer, échanger avec autrui, pour nous sentir exister. Ce qui peut se résumer par cette formule lapidaire: « J'échange donc je suis ».

Le terme même d'échange est emprunté à l'économie. Nous pouvons parler d'une véritable économie de signes de reconnaissance que nous avons à gérer sainement. Gysa Jaoui[1] précise:

---

[1] *Le triple Moi*, Cf. Bibliographie, p. 93

— « Il s'agit de répertorier les monnaies d'échange utilisées dans les rapports qu'entretiennent les êtres humains, pour mieux comprendre comment ces échanges s'organisent en un système qui obéit à sa logique interne bien qu'il puisse parfois paraître aberrant que l'on s'obstine à se distribuer des coups alors qu'il serait si agréable de s'échanger des caresses ! »

Si nous savons gérer notre économie de signes de reconnaissance, conditionnels et inconditionnels positifs, nous devons pouvoir en donner sans compter car, contrairement aux ressources économiques, les réserves de signes de reconnaissance sont inépuisables. Si nous fonctionnons bien, nous nous maintenons dans une économie d'abondance : plus nous donnons, plus nous recevons et plus nous nous enrichissons de ce que nous donnons.

Claude Steiner, analyste transactionnel, a très vite compris que les échanges de signes de reconnaissance étaient régis par tout un système économique semblable à la circulation des richesses parmi les humains. *The warm fuzzy tale* qui fut plus tard adapté en français sous le nom *Les Chaudoudoux* par François Paul-Cavallier, raconte une histoire qui commence comme la plupart des contes, mais c'est beaucoup plus qu'un conte. Grâce à une histoire peuplée de personnages fabuleux, cette histoire aborde la préoccupation fondamentale de tout être humain : comment être en accord avec soi-même et avec les autres pour vivre plus heureux.

Dans un pays merveilleux où chaque enfant reçoit à sa naissance un sac inépuisable de « Chaudoudoux », un jour, l'abominable sorcière Belzépha dresse un plan diabolique pour arrêter leur bonheur. Avec ses « froids piquants » que sont la jalousie, l'égoïsme, la méfiance, la rancœur, elle parvient à empoisonner leurs relations. Que faire ? Que vont-ils devenir ? Comment vont-ils en sortir ?

Heureusement... Julie Doudoux avec ses « Chaudoudoux » tout chauds, tout doux, possède les clés qui ouvrent les chemins de la tendresse et de la joie. Elle trace alors la voie qui mène à la confiance, la sécurité, le plaisir, la sincérité, le bien-être avec soi et en même temps avec les autres.[2]

Alors, pourquoi nous maintenons-nous dans une économie de pénurie ? Pourquoi nous mettons-nous régulièrement dans des situations dans lesquelles nous récoltons beaucoup

[2] *Les Chaudoudoux*, Cf. Bibliographie, p. 93

de stimulations négatives ? Ne serions-nous pas fondamentalement masochistes ?

C'est une histoire qui commence dans l'enfance. Chaque bambin souhaite naturellement des câlins, des baisers, des mots gentils, de l'attention et de la valorisation. Il ne peut obtenir ce genre de stimulation que par son environnement proche. Pour nourrir son besoin de reconnaissance, chaque enfant reste dépendant de ses parents ou de leurs substituts. Il fera avec ce qu'on lui propose : que ce soit des stimulations positives ou négatives.

Je me souviens du petit Michel, huit ans, placé en institut pour maltraitance car son père le « frappait » régulièrement. Il passa les six premiers mois à provoquer systématiquement tous les hommes : de l'éducateur à l'instituteur, en passant par le père de la famille d'accueil. Quand je l'ai interrogé sur ce comportement, il m'a répondu avec un grand sourire : « Ils sont trop sympas avec moi, ça cache quelque chose ».

Michel n'avait reçu de la part de son père que des « coups » comme signes de reconnaissance. Il pensait ne mériter que ça. Il croyait donc que la seule façon pour un homme adulte de s'occuper d'un enfant était la violence physique. Il avait appris à la rechercher activement.

Si notre père nous disait « Nous, dans la famille, nous sommes honnêtes, courageux, travailleurs », nous pouvions comprendre que pour lui faire plaisir et pour avoir notre dose de stimulations positives, nous devions vivre dans la probité, affronter les épreuves avec bravoure, travailler encore et encore. Inversement, si nous n'arrivions pas à répondre à ses idéaux, nous pouvions tricher, pleurnicher devant le moindre obstacle ou ne rien faire à l'école… pour recevoir à coup sûr notre dose de signes de reconnaissance négatifs.

En fait, les choses sont complexes car, durant l'enfance, nous sommes bombardés de messages de la part de notre père, de notre mère, de nos proches.

- Parfois, ils disent la même chose.
- Parfois, ils disent des choses contradictoires.
- Parfois, ils nous disent de faire des choses et nous félicitent quand nous faisons le contraire.

Devant un nombre aussi important de stimuli, à une période de notre vie où nous manquons d'informations objectives, nous faisons un tri, nous nous forgeons des croyances, nous prenons des décisions, nous élaborons notre propre système pour obtenir notre dose de signes de reconnaissance.

Pour illustrer nos propos, nous aimons bien rappeler l'anecdote suivante :

Un journaliste prend connaissance de l'existence de deux frères jumeaux âgés d'environ 40 ans.

Le premier est alcoolique et s'est fait incarcérer pour vols et escroqueries diverses.

Le deuxième est chef d'une P.M.E. en pleine expansion et président d'une association caritative.

Intrigué sur le paradoxe de ces deux trajectoires de vie, notre journaliste compose un canevas de questions et rencontre le premier dans sa prison et lui demande :

— « Comment expliquez-vous votre présence en ce lieu ? »

— « Forcement, avec le père que j'ai eu, toujours à boire, toujours violent, toujours à faire des larcins par-ci, par-là. »

Puis il rencontre le deuxième dans le bureau de son entreprise et lui pose la même question.

— « Forcement, avec le père que j'ai eu. »

Voici donc deux personnes au capital génétique très proche, ayant vécu ensemble enfance et adolescence auprès des mêmes parents qui, à partir des mêmes événements, ont élaboré leur plan de vie et satisfont leurs besoins de reconnaissance de manière fort différente. Ceci montre à quel point chacun développe son propre système de façon très subjective.

Nous avons tous des exemples autour de nous de personnes qui semblent chercher des «coups» psychologiques et/ou physiques. Elles semblent tout faire pour envenimer les choses et se faire rejeter. L'explication en est simple: mieux vaut recevoir des signes de reconnaissance négatifs que ne rien recevoir du tout. Elles ont tendance à rechercher ceux qu'elles ont connus dans l'enfance. Maintenant, elles continuent à les rechercher tout au long de leurs vies, à partir de leur enfant interieur au sens où l'emploie l'Analyse Transactionnelle.

A la question: — «Qui suis-je?»
L'Analyse Transactionnelle[3] répond:
— «Je suis trois états:

- le parent: qui correspond à mon système de valeur,
- l'adulte: qui me permet de gérer la réalité,

---

[2] *L'Analyse Transactionnelle*, Cf. Bibliographie, p. 93

- l’enfant : qui correspond à mon système émotionnel, mon rapport au plaisir. »

Quel que soit notre âge, nous avons tous un enfant en nous, véritable siège de nos sensations, nos émotions, notre réalité et principal moteur à aspirer les signes de reconnaissance pour satisfaire notre besoin psychologique de base.

Cet enfant intérieur, reflet de la petite fille ou du petit garçon que nous avons été ailleurs et autrefois, existe dans le présent ici et maintenant, enrichi de toute notre expérience. Concrètement, pour bien gérer notre besoin de signes de reconnaissance, nous devons nous aider de cet enfant intérieur. Nous pouvons repérer comment circulait ce type de stimulations bien particulières dans notre famille en terme de quantité, de qualité, de moment et de pourquoi.

- Quelles croyances et décisions avons-nous pris ? Cf. la notion de scénario en Analyse Transactionnelle.
- Comment nous sommes-nous positionnés par rapport à ça?
- A quel point sommes-nous sous influences aujourd’hui ?

Effectivement, si dans notre enfance, nous avons été choyé, chouchouté, aimé, nous aurons tendance à donner et recevoir du positif. En revanche, si nous avons vécu dans l'excès de négatif, la pénurie, nous aurons tendance à reproduire le négatif pour générer du «rejet».

Tout au long de notre vie, si nous n'y prenons pas garde, nous faisons toujours «plus de la même chose». Nous recherchons inlassablement les premières stimulations que nous avons connues, car «elles signent la réalité de notre existence, ce sont celles que nous avons apprises à aimer».

L'exemple précédent du petit Michel et notre expérience de vingt ans de travail effectif auprès d'enfants carencés affectifs nous ont permis de bien comprendre ce phénomène de répétition. Michel cherchait les coups et l'erreur éducative grave aurait été de lui en donner. En même temps, la deuxième erreur éducative grave aurait été de lui donner trop de signes de reconnaissance positifs, car il n'était pas en mesure de le supporter. Il lui a fallu des mois de rééducation avec un savant dosage, pour qu'il apprenne à renoncer au négatif et à se nourrir de positif. Lui donner trop de signes de reconnaissance positifs aurait été comme inviter à un restaurant trois étoiles un prisonnier à sa sortie de quatre ans de camp de concentration, au risque de lui faire ingérer une nourriture trop riche pouvant entraîner la mort.

□

La notion d'optimum

Les signes de reconnaissance se donnent dans le respect d'un optimum. Cela renvoie à la notion de dose. Nous faisons tous partie de «l'humaine condition». En même temps, chaque être humain est unique. Nous revendiquons à la fois notre appartenance au «club» des humains tout en tenant à notre individualité comme à la prunelle de nos yeux. Chacun est en quête de sa ration quotidienne de stimulations, tout en empruntant des chemins très différents pour être confirmé dans sa différence.

Pour certaines vedettes très médiatiques, la dose se situe au nombre de milliers de personnes pour les applaudir. Nous entendions récemment sur les ondes un chanteur célèbre affirmant que si la salle ne dépassait pas dix mille personnes il s'ennuyait.

A l'opposé, vous avez le chercheur qui va travailler tout seul au fond de son laboratoire pendant plus de vingt ans pour obtenir un prix Louis Dupont : superbe récompense obtenue après tant d'heures de labeur... Un prix que seules une cinquantaine de personnes au monde connaissent !

Les signes de reconnaissance sont variables en quantité, en intensité et en qualité.

En même temps, la qualification positive ou négative est essentiellement subjective et dépend surtout de celui qui reçoit telle ou telle stimulation psychologique particulière. Par exemple, un compliment adressé sincèrement peut ne pas nous convenir car nous le ressentons comme trop fort, insuffisant ou inapproprié au contexte. Nous pouvons reprendre le parallèle avec la physiologie : si je viens de prendre un bon repas, au sens de repas satisfaisant, cela signifie que j'ai mangé à ma bonne dose. Si nous déjeunons ensemble, il est probable que notre dose, notre optimum, ne sera pas forcément identique. Ce qui sera satisfaisant pour moi ne le sera pas forcément pour vous et réciproquement.

Prenons un autre exemple :

Imaginons que j'ai fait un bon gâteau au chocolat tout spécialement pour vous parce que je sais que vous l'appréciez. Vous allez manger le premier morceau avec beaucoup de plaisir, le deuxième par gourmandise. Vous allez caler au troisième et refuser énergiquement le quatrième morceau. Pourtant il s'agit toujours de la même personne avec le même goût, ainsi que du même gâteau avec la même saveur. En même temps intervient le facteur dose qui peut devenir overdose au quatrième morceau.

A nous de trouver notre dose, notre seuil, en fonction de la connaissance que nous avons de nous-mêmes. Il s'agit d'un dosage fin, subtil, tout comme régler la température d'une pièce: il suffit de quelques degrés en plus ou en moins pour se sentir mal ou bien. Le changement brusque perturbe, le changement doux facilite notre croissance.

Même si le thermomètre indique 25° C, nous pouvons avoir froid car chacun fonctionne à partir de son propre thermomètre intérieur, à partir de son propre ressenti.

Nous insistons sur le côté subjectif quant à la manière dont chaque personne doit trouver et gérer son optimum, tout comme nous avons insisté sur l'importance de la première enfance sur notre manière d'élaborer cet optimum.

□

Les notions de filtres et de stocks

Au cours de nos nombreuses interventions en entreprise, nous rencontrons parfois des responsables qui nous interpellent:

— «Depuis votre dernier exposé sur les signes de reconnaissance, je fais attention. Mais quand je dis du positif à tel collaborateur, il n'en tient pas compte, c'est comme s'il ne l'entendait pas, c'est comme s'il dressait un écran entre lui et moi.»

Après un échange approfondi, ce collaborateur prit conscience que, dans son enfance, lorsque sa mère lui faisait des compliments, son père disait: «Arrête, ça va lui monter à la tête».

Maintenant, chaque fois qu'on lui donne du positif, il ressent très vite une migraine et coupe les «écoutilles», selon sa propre expression. Il met un filtre pour que «ça ne lui monte pas à la tête.»

Illustrons cela avec l'exemple personnel que cite Simonne dans notre cassette audio *Comment satisfaire son besoin de reconnaissance*:

«J'étais l'aînée de la famille. J'étais donc la grande. Ma mère valorisait fréquemment mon sens de l'initiative et me disait:

— «Tiens, toi qui es grande et débrouillarde, va donc me faire une course.»

Elle me donnait là un signe de reconnaissance positif! En même temps, je le vivais comme un piège du style «toi qui cours vite, va donc me chercher ça» Du coup, ça me donnait envie d'aller moins vite. Ce qui m'était donné comme du positif sincère, je le vivais comme le projet de ma mère de me faire faire quelque chose grâce à cette espèce de compliment. Enfant, je n'arrivais pas à reconnaître cela comme véritablement positif. J'ai donc mis un filtre. Chaque fois que quelqu'un de proche me disait quelque chose de positif, je me disais:

— «Qu'est-ce que cela cache?»

— «Qu'est-ce que je vais être encore obligée de faire?»

Chaque signe de reconnaissance positif générait en moi de la peur, de la méfiance à cause du filtre que j'avais posé ailleurs et autrefois pour me protéger.

Un autre exemple de « filtre » nous a été rapporté par un chef d'entreprise à propos de son collaborateur :

— « Il est de bonne composition, on peut lui faire tous les reproches que l'on veut, il ne s'offusque jamais, il ne le prend jamais mal. »

Après connaissance plus approfondie de l'histoire de ce collaborateur, nous nous sommes aperçus qu'il avait été l'enfant chéri et surprotégé de sa famille, l'enfant-roi, tellement imprégné d'inconditionnel positif que tout reproche conditionnel négatif ne l'atteignait pas ; ce qui ne manquait pas de poser problème en situation de travail.

Les filtres peuvent donc se poser à tous les niveaux de la relation, dans le positif comme dans le négatif. Au départ, il a une fonction de protection. Mais il est possible de nettoyer ce filtre pour laisser passer les signes de reconnaissance positifs, tout comme nous pouvons aussi « l'obturer » pour bloquer les signes de reconnaissance négatifs.

Dans tous les cas, notre attention doit porter sur le fait que chaque fois que nous filtrons, nous nous privons d'une information qui peut être importante en terme de communication et de relation avec autrui.

Notons enfin que si nous pouvons filtrer, c'est-à-dire sélectionner les signes de reconnaissance, nous pouvons aussi les stocker.

Prenons un exemple : nous savons que le prochain lundi nous allons procéder à une série de rencontres difficiles avec des risques de tensions relationnelles. Dans un tel cas, il peut être judicieux de passer le week-end précédent avec notre petite famille ou nos bons amis, pour faire le plein de signes de reconnaissance positifs.

Il s'agit d'une stratégie nous permettant de faire face à la situation difficile qui nous attend.

Nous pouvons donc accumuler des réserves de signes de reconnaissances à certains moments : journée, week-end, semaines, mois… pour les utiliser dans des moments d'absence de signes de reconnaissance ou pour éviter d'être vidé dans des situations exigeant une forte énergie. Voici donc de manière très concrète comment gérer nos stocks de signes de reconnaissance.

□

Les quatre qualités des signes de reconnaissance

L'effet positif est directement lié à la qualité du signe de reconnaissance donné :

- S'il est faux, manipulateur, il a un effet contraire ;
- S'il est forcé, cela se sent et génère de la méfiance ;
- S'il est inapproprié, il inquiète et provoque des résistances.

En réalité, tout signe de reconnaissance opérationnel doit remplir quatre critères.

Premier critère : SINCÈRE

Si nous exprimons des choses que nous ne ressentons pas authentiquement, l'autre va s'en rendre compte assez rapidement. La pommade peut marcher un petit peu mais n'a pas d'effet durable. Etre sincère, ce n'est pas dire des choses à l'autre en espérant avoir quelque chose en retour. La gentillesse manipulatrice, l'admiration forcée produisent de la peur et du rejet.

Tout ce qui sonne faux va être dangereux pour la relation. En conclusion, que ce soit du positif ou du négatif, nous avons tout intérêt à dire sincèrement et strictement ce que nous pensons ou bien à nous taire.

Enfin, attention au compliment qui peut cacher quelque chose de négatif.

— « Je t'aime parce que tu as bien travaillé à l'école. »

— « C'est bien ce que tu as fait pour une fois. »

Deuxième critère : SPONTANÉ

Il est souhaitable de donner les signes de reconnaissance au plus près de l'événement que nous souhaitons reconnaître. Exemple : un chef d'entreprise veut complimenter sa secrétaire pour avoir bien fait l'inventaire du stock. Il doit le faire dès que le travail est terminé. S'il laisse passer huit jours, cela peut être vécu comme du « réchauffé » et les stimulations perdent de l'efficacité. Cependant, nous pouvons parfois différer de quelques minutes ou de quelques heures parce que partager une réflexion (même positive) devant un tiers n'est pas toujours approprié.

Troisième critère: SPÉCIFIQUE

Il s'agit d'argumenter, de s'appuyer sur des faits précis. Par exemple, après l'exposé d'un collaborateur, nous pouvons lui dire:

— «J'ai apprécié l'introduction, telle et telle idée très originale, et la dose d'humour que vous y avez mis. En revanche, j'ai moins aimé tel détail.»

Nous donnons ainsi des signes de reconnaissance qui permettent à la personne de se réapproprier ce qu'elle a fait de bien, de rectifier des points faibles. C'est donc votre manière de faire des compliments utiles, des remarques constructives (y compris dans le conditionnel négatif) permettant à l'autre d'aller dans le sens de sa croissance.

Quatrième critère: DOSÉ

Donner des signes de reconnaissance à autrui lui permet de développer son énergie à la condition expresse de respecter sa dose, son rythme, sa différence, son individualité.

Il faut distinguer :

- le signe de reconnaissance lui-même : conditionnel, inconditionnel, positif ou négatif;
- le cadre de référence, la vision du monde de la personne ;
- le climat perceptif et émotionnel dans lequel on donne la stimulation, le contexte ;
- le sens que la personne risque de donner en fonction de ce que l'on connaît d'elle, son histoire.

Pensez à l'exemple de ce trappeur qui se fait « scalper » pour avoir donné de trop belles peaux au chef indien. Ses malheurs sont venus du fait qu'il n'avait pas l'information que, dans cette tribu, lorsque l'on fait un cadeau au chef, il est tenu de vous faire un plus beau présent en retour. S'il ne peut pas, il vous tue.

Attention enfin car un signe de reconnaissance positif peut en cacher un autre ! (négatif celui-là). Exemple, « Enfin, tu as fait quelque chose de bien »,

« Je t'aime parce que tu es la plus belle », « Je t'aime parce que tu as bien travaillé à l'école ».

Pour conclure ce point, et continuer dans l'imagerie économique, nous dirons que pour mettre des signes de reconnaissance au service de la bonne relation, nous devons utiliser une monnaie authentique ou chaque pièce et chaque billet ont de la valeur, mais ne prenant forcément la même valeur selon chaque individu.

□

La dynamique d'échange

En ce qui concerne les signes de reconnaissance, nous ne pouvons pas être notre propre source. Depuis notre enfance, nous sommes dépendants de notre entourage immédiat. Maintenant que nous sommes adultes, nous avons besoin d'échanger avec les autres pour nourrir correctement ce besoin de stimuli si particulier.

Echanger, c'est communiquer, c'est-à-dire mettre en commun nos convergences, mais dans le respect de nos différences et de nos divergences.

Echanger, c'est aussi « relationner » - la relation étant le troisième terme entre moi et l'autre. Il s'agit du trait d'union qu'il y a entre nos deux personnes.

En fait, dans tout échange avec un autre, il y a toujours trois termes : moi, l'autre et la relation.

Illustrons cela d'un exemple pour clarifier nos propos.

Vous êtes sur votre lieu de vacances et votre fils de 15 ans ne respecte pas les horaires. Il rentre à deux heures du matin alors qu'il a la permission de minuit. Nous pouvons nous mettre en colère, du style: «Tu es incroyable», «tu es incorrigible», «tu ne respectes rien», «tu n'as pas de parole»… Tu… Tu… Tu… ce que Jacques Salomé appelle la relation Klaxon.

Une autre façon de traiter le problème peut être de dire: «Tu sais que je t'aime et que je tiens à toi; je m'inquiète quand tu rentres après minuit pour telle ou telle raison. En conséquence, je te demande de respecter l'heure à partir de maintenant». Dans ce cas, nous sortons de la relation Klaxon. Nous ne parlons plus de lui mais à partir de nous et nous lui signifions clairement ce que nous attendons de lui.

Il s'agit donc d'une stratégie relationnelle en trois temps:

1. réaffirmation des liens;
2. désignation des faits et ce que nous ressentons par rapport à ces faits;
3. réaffirmation ou renégociation de notre demande sur une autre base.

Cette stratégie consiste à partir de soi pour communiquer avec l'autre tout en préservant la relation.

La bonne relation permet d'échanger les signes de reconnaissance avec autrui et réciproquement les signes de reconnaissance vont permettre de clarifier, « d'arroser » cette relation : ce sont les pièces de la monnaie d'échange, ce qui va circuler de la personne A vers B et de la personne B vers A.

En un mot, gérer notre économie de stimulations c'est entretenir une bonne relation avec autrui, et nous pouvons améliorer ces relations par une bonne utilisation des signes de reconnaissance.

Notre éducation nous a appris à confondre la relation que nous avons avec la personne et le sentiment que nous avons à l'égard de la personne elle-même. Nous confondons souvent le conditionnel et l'inconditionnel.

Par exemple, si nous avons deux enfants et que celui de douze ans tape sur sa petite sœur pour obtenir le jouet qu'elle a entre les mains, ne risquons-nous pas d'intervenir énergiquement avec un : « Arrête cela tout de suite, tu es un méchant garçon. »

Combien de fois disons-nous « tu es vilain, méchant, désordonné, nul », chaque fois que notre enfant fait quelque chose qui ne nous convient pas. Nous introduisons une confusion entre le faire et l'être. L'enfant risque de prendre le message au premier degré et se dire: «Puisque je suis méchant, pourquoi ne pas continuer à taper ma petite sœur chaque fois que cela me parait utile?»

Si tel père décline régulièrement «chez les Dupont, nous ne sommes pas doués pour les comptes» et que son fils Jean obtient quelques mauvaises notes en mathématiques avec une appréciation du professeur du style «tu es nul...», il est fort à parier que Jean va s'installer dans les mauvais résultats en mathématiques pour un long moment. En fait, notre grand frère de tout à l'heure n'est pas vraiment méchant, mais il fait le méchant.

Jean n'est pas nul en mathématique, il ne fait pas encore ce qu'il faut pour obtenir de bons résultats. Nous pouvons leur dire à l'un et à l'autre: «Tu es quelqu'un de bien, donc tu peux faire d'une autre façon pour obtenir ce que tu veux».

Nous devons donc faire attention à ce qu'un désaccord sur un fait ne devienne pas une condamnation, voire un rejet de la personne.

Nous pouvons prendre d'autres exemples dans le milieu éducatif.

Votre enfant fait une dictée de deux cents mots avec cinq fautes de vocabulaire et il obtient zéro. Ce qui veut dire que ses 195 mots justes ne sont pas pris en compte. Une semaine après, il refait une autre dictée dans laquelle il y a les cinq mots de vocabulaire de la fois d'avant qu'il orthographie correctement. Cependant, il fait cinq fautes d'accord. Il a encore zéro. Sa progression de 100 % en vocabulaire n'est pas prise en compte. Pire encore, lorsque l'enseignant rend les copies, il consacre :

- quinze secondes d'attention au bon élève qui a eu 20/20,
- dix secondes d'attention à ceux qui ont entre 12 et 10/20,
- cinq secondes d'attention pour ceux qui n'ont pas la moyenne.

Par contre, le mauvais élève qui a « réussi » à faire 150 fautes sur 200 mots a droit à un commentaire très ironique, avec une complicité moqueuse de toute la classe qui peut durer plus de deux minutes.

Le meilleur élève a droit à quinze secondes d'attention.

Le mauvais a droit à deux minutes de stimulations, négatives certes, mais qui risquent de le faire s'installer définitivement dans une position de cancre.

Nous l'avons vu, il est parfois important de donner du conditionnel négatif pour faire avancer l'autre. Mais commençons par lui dire ce qu'il fait de bien. Commençons par lui donner du conditionnel positif. La règle d'or consiste à donner dix signes de reconnaissance conditionnels positifs avant de donner un signe de reconnaissance négatif pour être beaucoup plus sûr de bien « relationner ».

Dans l'exemple précédent, pourquoi ne pas montrer à l'élève tout ce qu'il a fait de bien, avant de pointer les cinq fautes ? Pourquoi ne pas féliciter l'élève pour ses progrès en vocabulaire avant de pointer ses faiblesses sur les accords ?

Nous baignons dans un milieu socioculturel qui valorise le négatif. Nous prendrons pour exemple le journal télévisé : sur 25 minutes d'informations, il y a généralement 20 minutes d'annonces négatives sur les meurtres, les massacres, les guerres, les faillites, les catastrophes, les maladies…

Grâce à la « mondialisation » et la « satellisation », nous pouvons apprendre en direct « live » qu'un lapon vient de se casser une jambe en glissant dans son igloo.

En même temps, dans le monde, en Europe, en France, dans notre ville, dans notre quartier, il y a des gens qui vont bien, qui réussissent leur vie personnelle, familiale, professionnelle. De ceux-là, nous n'en entendons parler que très rarement !

Nous nous adressons directement à vous, lecteur !

Ne vous laissez-pas contaminer par le négatif ambiant ! N'êtes-vous pas enclin à ne voir que ce qui va pas (chez vous ou chez les autres) et à ne jamais valoriser ce qui va ? Si c'est votre cas, il est temps d'apprendre à voir la bouteille à moitié pleine, plutôt qu'à moitié vide, sans tomber dans le « tout va très bien Madame La Marquise ». Il est important de repérer et de nommer le positif, de poser les choses de manière juste, c'est-à-dire à la bonne place : sans nier le négatif mais en l'utilisant de manière constructive dans la relation à nous-même et aux autres.

Cela commence par des choses simples comme un « bonjour » chaleureux. Une personne reçoit des signes de reconnaissance constructifs si un autre humain l'appelle par son prénom prononcé correctement, la regarde droit dans les yeux avec attention, l'écoute sans l'interrompre et sans la critiquer systématiquement sur ce qu'elle dit, sur ce qu'elle fait, sur ce qu'elle ressent ou sur ce qu'elle pense. A ces conditions, elle peut préserver son identité, son sentiment de dignité, c'est-à-dire se sentir digne d'être aimée.

Les signes de reconnaissance doivent être centrés sur la personne. Bien que nous appartenions tous à l'espèce humaine, nous avons besoin d'être reconnus dans notre individualité. Nous avons besoin d'être reconnus tels que nous sommes, tels que nous nous sentons, et non pas tels que l'autre voudrait que nous soyons. Pour cela, il est utile de pratiquer des stratégies de communication comme l'écoute active (telles que les décrit Jacques Salomé dans «la méthode E.S.P.E.R.E.» [1]).

Ces techniques permettent de stimuler chacun dans sa différence, de confirmer là où chacun en est avec ses pensées, ses sentiments, son comportement. A noter cependant qu'écouter et confirmer la différence de l'autre ne signifie pas forcément que nous l'approuvons.

Force est de constater que nous avons été très mal éduqués en ce qui concerne les signes de reconnaissance. Nous nous laissons trop

---

[1] *Ouverture à la méthode E.S.P.E.R.E*, voir bibliographie, p. 93.

souvent entraîner à taire le positif et à donner ou recevoir du négatif à la place. Attitude que nous commençons à nous appliquer à nous-mêmes: nous nous mortifions pour la moindre pacotille et prenons que trop rarement le temps de nous auto-congratuler lorsque nous accomplissons quelque chose de bien.

Nous devons donc faire tout un travail intérieur pour réapprendre à nous auto-stimuler positivement pour redevenir «un bon compagnon pour nous même».[2]

Ce travail de «dynamique» d'échange personnel nous permet ensuite d'améliorer la relation avec autrui, par le simple fait de rester centrer intérieurement sur le positif de l'autre.

Nous prendrons cet exemple salutaire à faire régulièrement pour améliorer la relation avec votre conjoint, enfant, ami…

Sans jamais lui communiquer, vous notez chaque soir au moins trois signes positifs de reconnaissance que vous attribuez à cette personne en fonction de son comportement de la journée.

Au bout de quelques semaines, vous accumulerez du positif, vous changerez de regard,

---

[2] *Etre un bon compagnon pour soi-même*, voir bibliographie, p. 93.

vous modifierez votre relation dans le sens d'un mieux-être, comme par enchantement.

La seule action à faire consiste donc à diriger notre attention sur le conditionnel et l'inconditionnel positif de l'autre et la relation s'améliore rapidement. Cette technique peut s'appliquer envers n'importe quelle personne et nous illustrerons cela avec l'anecdote que raconte Justin Belizt dans son excellent ouvrage *Succès: dites oui !*. (voir bibliographie)

«Je me rappelle qu'à une certaine époque, je vivais dans une grande communauté où j'ai eu quelques difficultés avec l'un des autres membres. Un soir, je me suis assis dans ma chambre et j'ai décidé de noter toutes les bonnes choses que je savais sur cet homme, dans le but de développer une attitude positive. Mon stylo à la main, je réfléchissais - et je réfléchissais et réfléchissais. Je ne trouvais rien de bon à écrire sur lui Alors, j'ai mis sur pied un petit projet. J'ai commencé à porter sur moi un petit carnet et, chaque fois que je le voyais faire une chose positive, je prenais des notes: je le voyais sourire, je le notais; je le voyais tenir la porte à quelqu'un, je le notais. Je notais tout commentaire positif qu'il faisait au sujet d'une autre personne. Le soir, dans le silence de ma chambre, je me suis mis à dresser une liste – et je suis arrivé en très peu de temps à une liste très longue. Ce qui s'est passé par la suite a été une véritable révélation, peut-être l'une des plus importantes leçons que j'aie apprises de toute ma vie. Au bout de six semaines environ, j'ai réalisé que nous étions devenus amis – et il n'avait pas changé d'un pouce ! Il ne savait rien de mon projet personnel et continuait à se comporter fidèle à lui-même. C'était moi qui avais changé. Et mon propre changement avait entraîné des modifications dans notre relation. »

Nous terminerons ce chapitre en abordant la « dynamique d'échange » en milieu professionnel. Intervenant régulièrement dans les entreprises, nous observons systématiquement comment fonctionne le système de distribution de stimulations spécifiques : la qualité, la quantité, les types, celles permises, celles interdites...

Nous sommes souvent stupéfaits de constater à quel point la plupart des salariés sont privés de stimulations positives dans leur milieu de travail ; en conséquence, ils deviennent apathiques, improductifs, voire même destructeurs.

Notre premier travail consiste à permettre un rétablissement de la circulation des signes de reconnaissance. Bien sûr, il nous faut quelque temps pour dégripper les rouages car les personnes ne sont pas prêtes à lâcher le négatif ou à recevoir trop de positif tout de suite.

Mais par un travail d'accompagnement, en posant un cadre clair et protecteur, en expliquant au manager l'importance des signes de reconnaissance, en transmettant quelques règles et modèles pour reconnaître et encourager les collaborateurs, nous voyons les choses s'arranger progressivement. Les personnes se détendent, se remotivent, la circulation de stimulations positives se rétablit pour le plus grand bien-être de tous et pour une meilleure réussite de l'entreprise.

Cela prouve à quel point la vision inconditionnellement positive d'autres êtres humains sur nous-mêmes et la circulation de stimulations conditionnelles positives nous aident à la performance et la réussite. Voilà une réalité qui ouvre un champ d'application pour bien gérer notre économie d'échanges, chez soi, à l'école, dans l'entreprise et dans bien d'autres situations de relations humaines.

□

Les cinq règles du bonheur

Si les signes de reconnaissance s'inscrivent dans une dynamique d'échange, leur circulation obéit à des règles bien précises.

Si, enfant, nous vivions dans une famille où les signes de reconnaissance positifs conditionnels et inconditionnels circulaient en abondance, de manière appropriée et équitable pour tous, il est fort probable que nous allons avoir tendance à reproduire ce processus autour de nous.

En revanche, si nous avons vécu la pénurie, nous risquons aujourd'hui d'utiliser les signes de reconnaissance avec parcimonie.

Au système familial vient s'ajouter des règles sociales et culturelles que nous intégrons pour développer chacun notre propre système d'échange de ce type de stimulations. Nous pouvons observer dans un champ social donné l'ensemble des règles qui privilégient un certain type de stimulations au détriment d'autres et nous pouvons résumer ainsi en cinq modalités, cinq règles de base pour une bonne gestion de notre besoin de signes de reconnaissance qui, bien appliqués, peuvent nous apporter plus de plaisir dans la vie.

Les signes de reconnaissance s'inscrivent dans une dynamique d'échange.

Recevoir

Pour nourrir notre besoin de signes de reconnaissance, il est primordial d'en recevoir. Cela rappelle que nous ne pouvons pas en être la seule source. En ce domaine, comme en bien d'autres, nous ne pouvons pas nous débrouiller tout seul : l'enfant qui vient de naître a tout à recevoir. Nous avons besoin de recevoir des autres pour pouvoir ensuite en donner.

Alors, sachons le reconnaître, apprenons à accueillir les stimulations inconditionnelles et conditionnelles positives et les stimulations conditionnelles négatives quand elles sont appropriées. Ne manquons pas une occasion de nous nourrir de ce que les autres peuvent donner de bon pour nous. Surtout que, nous l'avons vu, notre environnement est plus enclin à faire circuler du négatif que du positif. Lorsque le positif se présente, acceptons-le, ce qui n'est pas toujours évident.

Qui n'a jamais vécu cette expérience ? Nous félicitons un ami :

— « Tu as une jolie chemise aujourd'hui, elle te va très bien.

Réponse :

— « Oh, tu sais, je l'ai achetée en solde !

Comme si le fait de l'avoir payée moins cher invalidait le signe de reconnaissance positif que nous venions de lui faire. Incontestablement, cette personne ne sait pas recevoir. Acceptons ce que l'on nous donne de bon jusqu'au bout, y compris les critiques constructives. Nous nous devons d'entendre de notre professeur de piano que nous avons fait une fausse note, si nous voulons arriver à jouer notre partition convenablement.

Recevoir n'est donc pas prendre ou s'obliger par devoir.

C'est s'épanouir en accueillant ce qui est source de plaisir, de satisfaction et de développement. Cela suppose une ouverture suffisante pour accueillir ce qui est bon pour nous, sans préjuger des intentions, sans confondre la mise en mots avec la mise en cause personnelle.

Demander
Savoir faire des demandes claires nous permet de sortir de la dépendance des autres. Nous devons nous entraîner à faire des propositions ouvertes et demander directement ce dont nous avons besoin.

Par exemple, nous sommes tendus parce que nous avons beaucoup de choses à faire sans savoir par quel bout commencer. Nous avons donc besoin d'encouragements que nous pouvons demander clairement à autrui pour recevoir le carburant dont nous avons besoin pour mieux fonctionner. Demander directement, c'est sortir de la passivité, de l'attente, de la plainte, de la revendication. Bien souvent notre éducation nous conditionne à faire le contraire. Combien de fois, petit, avons-nous entendu qu'il n'était pas convenable de demander un bonbon à la dame et qu'il fallait attendre qu'elle nous le propose (avec le risque de se priver de sucrerie si la brave dame oubliait !). Les autres ne peuvent pas deviner nos besoins. Alors, à nous de leur signifier clairement, de poser des demandes directes en prenant le risque de la réponse qui peut aller de l'inadéquation au refus total.

Demander, c'est avoir le comportement autonome de la personne qui gère ses besoins en obtenant des encouragements (signes de reconnaissance inconditionnels et conditionnels positifs).

— «Donne-moi ton avis sur ce que je viens de faire.

Mais aussi les critiques (signes de reconnaissance négatifs) qui lui permettront d'avancer.

Demander n'est donc pas exiger, obliger ni contraindre, mais proposer, inviter, stimuler.

Donner

Donner, c'est faire circuler les signes de reconnaissance, c'est faire œuvre «d'utilité publique» dans le monde de pauvreté relationnelle dans lequel nous baignons.

Là encore, nous nous heurtons à des croyances erronées issues de notre éducation: «Plus on leur en donne, plus ils en veulent». «Si tu donnes trop de Chaudoudoux, il n'en restera plus pour toi» suggère la sorcière Belzépha. Nous risquons de devenir des «constipés» en ce qui concerne les signes de reconnaissance. D'ailleurs, réfléchissons quelques secondes. Depuis quand avez-vous fait un compliment sincère à votre conjoint, vos enfants, vos amis, vos collègues de travail?.

Savoir donner, c'est s'enrichir et enrichir nos relations en donnant : « Si ça va bien, ça va sans dire, mais ça va beaucoup mieux en le disant ». Alors apprenons à donner des signes de reconnaissance positifs, conditionnels et inconditionnels :

— Je t'aime.

— Tu es magnifique avec cette veste !

— J'aime bien ta coiffure.

— Merci pour ton coup de main.

Apprenons également à donner des signes de reconnaissance négatifs conditionnels appropriés : « Je trouve que ce pantalon ne te va pas bien.

Donner n'est donc pas imposer ou culpabiliser mais offrir sans attendre forcément un retour, ce qui confirme les propos de Sénèque : « Il n'y a aucun honneur dans un bienfait qui colle aux doigts. »

Refuser

Refuser, c'est se soustraire aux influences négatives en laissant de côté :

- les signes de reconnaissance inconditionnels négatifs comme les jugements de valeurs, le mépris : « Tu es un imbécile », « Tu es trop ci», «Tu es trop ça». Tout discours négatif sur soi qui ne fait pas avancer la relation est à écarter .

- les signes de reconnaissance conditionnels négatifs qui ne sont pas assortis d'indications constructives. Par exemple: nous avons exécuté telle tâche de notre mieux et notre partenaire émet une critique négative globale et lapidaire du genre «Ce que tu viens de faire est mal!». Dans un tel cas, nous pouvons répondre à la personne que nous avons mis notre bonne volonté et lui demander:
  - de préciser ce qui lui semble incorrect,
  - de suggérer des solutions, des options pour pouvoir améliorer notre manière de faire.

Si malgré cette confrontation, l'autre ne peut pas sortir de la critique pour passer aux propositions, nous sommes en droit de refuser les stimulations négatives.

- les signes de reconnaissance positifs qui nous semblent inappropriés, exagérés et ressentis comme de la pommade. Par exemple: «Tu es super, extraordinaire, super génial» sont des stimulations ne présentant souvent guère d'intérêt. Refuser n'est pas se rebeller, s'opposer, rejeter, mais s'affirmer, savoir dire non pour soi, sans rejeter la personne (être) tout en n'acceptant pas ce qu'elle propose (faire) dans l'instant.

Se donner à soi-même c'est savoir s'aider soi-même en réactivant des souvenirs positifs, se rappeler les encouragements que nous avons reçus pour dépasser les difficultés présentes.

Par exemple : nous avons une tâche difficile à accomplir.

Dans un processus d'échec, nous pouvons nous alimenter de signes de reconnaissance négatifs tels que : « Je n'y arriverai pas, je ne suis pas capable, ça sera ridicule. »

Dans un processus de réussite nous nous remémorons une ancienne situation difficile que nous avons déjà surmontée et à partir de là, nous nous stimulons en nous disant : « Je vais y arriver, j'ai déjà réussi dans des contextes plus difficiles. »

Se donner n'est donc pas faire du nombrilisme.

□

Les douze points-clés

Si nous prenons en compte ce que nous venons d'explorer jusqu'ici, nous pouvons résumer l'essentiel à savoir sur les signes de reconnaissance en douze points-clés.

Première clé

Nous avons une soif psychologique de stimuli très particuliers appelés signes de reconnaissance qui nous apportent l'énergie dont nous avons besoin pour vivre, nous développer, nous épanouir. Il s'agit de tout geste, contact, parole, signe, symbole qui nous sont manifestés par autrui et qui nous permettent de nous reconnaître comme existant. Ce besoin vital d'échange avec notre environnement affectif ou social est aussi important que boire, manger ou dormir.

Deuxième clé

Les signes de reconnaissance sont le combustible nécessaire à notre croissance.

- Leur absence nous entraîne dans un processus de dégénérescence qui peut aller jusqu'à la mort.
- Leur présence en quantité et en qualité nous permet d'accéder à l'autonomie.

Troisième clé

Les signes de reconnaissance sont sources d'énergie positive ou négative. Dans notre vie, il existe trois possibilités :

- recevoir des signes de reconnaissances positifs,
- recevoir des signes de reconnaissances négatifs,
- ne recevoir aucun signe de reconnaissance.

- La dernière option est insupportable (mort).
- La première est celle que nous préférons car elle nous apporte une énergie positive nous permettant un bien-être avec nous-mêmes et les autres (vie).
- La deuxième est celle que nous recherchons en l'absence de la première, faute de mieux, même si celle-ci nous apporte une énergie négative entraînant mal-être avec soi même et avec les autres (survie).

Quatrième clé

Les signes de reconnaissance sont de deux sortes :

Les conditionnels, positifs ou négatifs, sont relatifs à ce que nous faisons.

Lorsqu'ils sont appropriés, ils nous permettent d'adapter notre comportement en fonction de notre environnement.

Lorsqu'ils sont inappropriés, ils nous mettent en dépendance des personnes qui nous les donnent.

Les inconditionnels, positifs ou négatifs, sont relatifs à ce que nous sommes (sans conditions).

Les positifs nous permettent d'ancrer la confiance en nous-même et d'agir de façon autonome et constructive.

Les négatifs sapent la confiance en soi et nous incitent à la dépendance, à l'action destructrice envers soi-même et les autres.

Cinquième clé

Nous établissons les bases de notre système de recherches de stimulations dès les premières années de la vie.

En fonction de notre environnement familial, nous prenons des décisions qui orientent notre comportement pour résoudre ce problème existentiel de base : comment avoir le plus possible de signes de reconnaissance, ceux que nous voulons, au moment où nous les voulons. Ceci marche aussi bien pour le positif que le négatif.

Sixième clé

Nous avons tendance à rechercher ici et maintenant les stimulations que nous avons connues ailleurs et autrefois, même les négatives, car nous avons appris à nous en accommoder et nous savons comment faire pour les obtenir.

Septième clé

La valeur de signes de reconnaissance est essentiellement subjective. Chacun interprète les événements de sa vie à sa manière et élabore une stratégie particulière pour nourrir son besoin de stimulations. Nous devons trouver notre optimum, c'est-à-dire repérer le seuil au-dessous ou au-dessus duquel nous ne sommes pas bien.

Huitième clé
Les signes de reconnaissance se filtrent. Nous attribuons la valeur positive ou négative d'un signe de reconnaissance en fonction des filtres que nous avons mis dans l'enfance. Il est toujours possible d'obturer le filtre pour bloquer les stimulations qui ne nous conviennent pas ou de nettoyer le filtre pour laisser passer les signes de reconnaissance positifs

Neuvième clé
Les signes de reconnaissance se stockent. Nous pouvons accumuler des réserves de signes de reconnaissance à certains moments: journée, semaine, mois, week-end... pour les utiliser dans des moments de pénurie. Ce qui peut nous éviter «d'être vidé « dans des situations exigeant une forte énergie.

Dixième clé
Les signes de reconnaissance doivent remplir quatre qualités: sincérité, spontanéité, spécificité et dose.

S'ils sont faux, ils sont ressentis comme de la manipulation. S'ils sont forcés, cela transparaît. S'ils sont inappropriés, ils inquiètent.

Enfin, attention au signe de reconnaissance apparemment positif qui peut en cacher un autre (négatif).

Onzième clé

Les signes de reconnaissance circulent dans une dynamique d'échange. Gérer notre économie de stimulations permet d'entretenir de bonnes relations avec autrui et réciproquement nous pouvons améliorer ces relations par une bonne utilisation des signes de reconnaissance.

Douzième clé

Les signes de reconnaissances circulent selon cinq règles qui, bien appliquées, peuvent nous apporter plus de joie et de bonheur dans la vie: recevoir, demander, donner, refuser et se donner à soi-même.

□

Conclusion

Les signes de reconnaissances sont des ressources naturelles et inépuisables. Seules les difficultés psychologiques personnelles et les habitudes sociales restrictives nous font mettre en état de pénurie en la matière.

La connaissance de l'instrument «signe de reconnaissance» peut nous aider:

sur le plan personnel:

- à connaître notre optimum et notre façon de gérer les signes de reconnaissance,
- à nous donner des permissions au niveau de donner à nous-même et aux autres, demander, refuser, recevoir des signes de reconnaissance.

sur le plan interpersonnel et social:

- à repérer le système «d'économie» de signes de reconnaissance secrété par le contexte familial et socioculturel dans lequel nous vivons : relation avec le conjoint, les enfants, les amis, les collègues de travail,

- à dédramatiser un certain nombre de signes de reconnaissance négatifs qui ne sont que recherche maladroite de signes de reconnaissance positifs.

En tout état de cause, n'oublions jamais que les signes de reconnaissance sont gratuits et à la portée de tous : plus nous en donnons, plus nous augmentons nos chances d'en recevoir pour augmenter nos stocks... Mettons-nous dans une économie d'abondance, car nous nous enrichissons de ce que nous donnons :

- Donnons, demandons, recevons les signes de reconnaissances positifs.
- Refusons les signes de reconnaissance négatifs inappropriés.
- Donnons-nous les signes de reconnaissance dont nous avons besoin...

pour permettre à nous-même et aux autres de trouver bonheur et source d'énergie positive afin de résoudre les problèmes de la vie...

□

Exercices

Exercice N° 1

Maintenant que vous savez que le besoin de reconnaissance est incontournable:

Quels signes de reconnaissance souhaitez-vous recevoir vraiment?

- ○ ceux avec contact physique
- ○ ceux sans contact physique

Quels signes de reconnaissance n'avez-vous absolument pas envie de recevoir?

- ○ ceux avec contact physique
- ○ ceux sans contact physique

Quels signes de reconnaissance donnez-vous facilement?

Quels signes de reconnaissance donnez-vous difficilement?

« Bien posé, le problème
est déjà à moitié résolu »

Exercice N° 2
Vérification dans votre vie quotidienne
***ou* petit bilan salutaire a faire regulièrement**

- Comment vous séparez-vous de vos proches le matin ?
- Comment les retrouvez-vous le soir ?
- Depuis quand avez-vous fait le dernier compliment à votre conjoint, vos enfants, vos amis, vos collègues ?
- Depuis quand avez-vous dit « Je t'aime » et à qui ?
- Ne gaspillez-vous pas du positif au risque d'utiliser du négatif à la place ?
- Qu'est-ce que vous pouvez faire autrement ?

Exercice 3
Economie de stimulation dans votre travail

Comment situez-vous les signes suivants à votre niveau dans l'entreprise? (entourez le symbole qui convient)

✔ Suffisant	= Limite	× Insuffisant

1. L'argent, les primes, les cadeaux ___ ✔ = ×
2. La formation comme dévelop-pement de vos compétences ___ ✔ = ×
3. Votre zone d'autonomie, votre niveau de responsabilité ___ ✔ = ×
4. Votre participation à l'évolution du travail ___ ✔ = ×
5. La variété de votre activité ___ ✔ = ×
6. Le niveau de confiance à votre égard ___ ✔ = ×
7. Votre niveau d'information ___ ✔ = ×
8. L'ambiance, le climat ___ ✔ = ×
9. Les promotions ___ ✔ = ×
10. Les félicitations, les feed-back sur ce que l'on pense de vous ___ ✔ = ×
11. Votre sentiment d'être bien intégré, d'appartenir au groupe ___ ✔ = ×

○ Quelles sont vos idées d'amélioration ?

Exercice N° 4
Au niveau professionnel

Combien de temps passez-vous :

- Dans l'inconditionnel positif et avec qui ?
- Dans le conditionnel positif et avec qui ?
- Dans le conditionnel négatif et avec qui ?
- Dans l'inconditionnel négatif et avec qui ?
- Qu'est-ce que vous pouvez améliorer ? Comment ? Quand ?

Exercice N° 5

Concernant les cinq règles du bonheur, vous repérez aujourd'hui que :

- Ce que vous faites le plus facilement, c'est :

____

____

____

____

○ Ce que vous faites le moins facilement, c'est:

___

___

___

___

Vous décidez de faire les changements suivants en ce qui concerne:

___

___

En précisant avec qui et les délais.

Recevoir: ___

___

Demander: ___

___

Refuser: ___

___

Donner: ___

___

Me donner à moi-même: ___

Exercice N°6
Quels signes de reconnaissance vous donnez-vous ?

Notez cinq qualités que vous vous reconnaissez et qui vous font plaisir.

____

____

____

____

____

Notez cinq défauts que vous avez.

____

____

____

____

____

Qu'est-ce qui est le plus facile à trouver:

- ○ les qualités ?
- ○ les défauts ?

En fait, défaut, qualité, n'existent pas vraiment car, une qualité peut devenir un défaut. Un défaut présent aussi des aspects positifs.

Ex : Je suis coléreux.

Coté positif, je suis direct, quand ça ne va pas, je le dis tout de suite.
Listez vos qualités (toutes celles que vous vous trouvez)

Ajoutez-y les côtés positifs qui vous viennent de vos défauts.

Vous avez là des atouts pour continuer à vous développer.

Bibliographie

Livres

Le Triple Moi
Gysa Jaoui - Editions Robert Laffont

Gagner dans l'entreprise
Jongeward et Seyer - Interéditions

Jouons
François Paul-Cavallier - Editions Jouvence

Des images pour des actes
François Paul-Cavallier - Interéditions

Succès, dites oui
Justin Belitz - Editions Jouvence

Cassettes audio

La méthode E.S.P.E.R.E

Vivre la tendresse

Etre un bon compagnon pour soi-même
Jacques Salomé - Editions Sonothèque Media

«Les Chaudoudoux»
Editions Sonothèque Media

Les auteurs

Simonne Mortera
- Maître en sciences sociales, psychothérapeute,
- Formatrice en relations humaines
- Consultante en entreprise

Olivier Nunge
- Psychologue, psychothérapeute
- Formateur en relations humaines
- Consultant en entreprise

Simonne Mortera et **Olivier Nunge** accompagnent des groupes et des personnes et animent de nombreux stages sur la Gestion des ressources humaines : émotions, communication, motivations…

Pour toutes informations, les contacter auprès de

Croissance Formation
Hameau de Gège
31510 Sauveterre de Comminges
Tél. 05 61 88 34 56.

Impressions DUMAS
42100 SAINT-ÉTIENNE
Dépôt légal : octobre 1999
N° d'imprimeur : 35400 G

Imprimé en France